中华中医昆仑

# 叶橘泉学术评传

张镜源◎主编

中国盲文出版社

**图书在版编目（CIP）数据**

叶橘泉学术评传（大字版）/ 张镜源主编. —北京：中国盲文出版社，2015.11

（中华中医昆仑）

ISBN 978-7-5002-6580-1

Ⅰ. ①叶… Ⅱ. ①张… Ⅲ. ①叶橘泉（1896～1989）—评传 Ⅳ. ①K826.2

中国版本图书馆 CIP 数据核字（2015）第 282608 号

叶橘泉学术评传

主　　编：张镜源
责任编辑：张冬芝
出版发行：中国盲文出版社
社　　址：北京市西城区太平街甲 6 号
邮政编码：100050
印　　刷：北京华联印刷有限公司
经　　销：新华书店
开　　本：700×1000　1/16
字　　数：42 千字
印　　张：6.75
版　　次：2015 年 12 月第 1 版　2015 年 12 月第 1 次印刷
书　　号：ISBN 978-7-5002-6580-1/K・341
定　　价：12.00 元
销售服务热线：（010）83190297　83190289　83190292

# 丛书编委会

# 前　言

中医药是中华民族的伟大创造，是世界医学宝库中的夺目瑰宝，数千年来为中华民族的繁衍昌盛作出了巨大的不可磨灭的贡献，至今仍是中国医药卫生事业不可分割的重要组成部分，在维护民族体魄康健、促进经济社会发展中发挥着不可替代的作用。

中医药学，是中华传统文化和科技文明的结晶，是勤劳聪慧的中华儿女在几千年生产生活实践中，在与疾病作斗争的过程中，创造的独具特色的医学科学体系。它有着浓郁的民族特色、深厚的文化底蕴和丰富的哲学内涵。经过一代又一代中医药传人、一辈又一辈名医大家的实践探索、薪火传承、总结完善、创新发展，逐步形成了系统的理论体系、独特的诊疗方法、丰富的医学内容、实用的制药技术。具有疗效确切、用药安全、应诊灵活、普适简廉和预防保健作用显著的巨大优势，在世界医学之林独树一帜，为人类的文明进步与医疗保健事业，已经并正在作出积极的贡献。

为了弘扬中华民族传统文化，彰显中医药学家的丰功伟绩，当代中医药发展研究中心与中国文学艺术界联合会、国家中医药管理局新闻办公室、中华中医药学会、中国中医科学院、北京中医药大学、世界中医药学会联合会等精诚合作，在国家中医药管理局的支持和指导下，为中华近现代百年来贡献卓著、深受敬仰的150位中医药学家，编撰出版了这部大型传记丛书。丛书采用评传体裁，记载他们的生平事迹、医术专长、学术思想、传承教育、医风医德、养生之道和突出贡献，使这些宝贵的医学成就和精神财富发扬光大，千古流芳。

丛书取名《中华中医昆仑》。昆仑山，被尊为“万山之祖”，柱西北而瞰东南，立中国而凭世界，凌驾乾坤，巍然屹立。以其高峻豪迈、绵延起伏的磅礴气势，寓意中华中医药学历史悠久、博大精深和永不衰竭；以其挺拔雄伟、高耸入云的恢弘气魄，彪炳一代中医药学家的丰功伟绩、杰出贡献和不朽勋业。

丛书入选传主，从全国范围推荐遴选，遍及中医药界各个领域。有临床家、理论家、药学家、教育家、医史文献学家；有名师亲授、世医家教、学派传人、院校毕业和自学成才者；有师徒并驾、父子齐名和伉俪联袂者。他们学术造诣深厚、诊疗技术精湛、临床经验丰富、学科地位崇高、科研成果丰硕、医风医德高尚、国内外影响较大，从医学理论到临床实践，为中医药事业的传承和发展作出了突出贡献，是近现代百年来中华中医药界的杰出代表。

丛书的出版，对于弘扬中华文化，振兴中医药事业，造就中医药人才，普及中医药知识，具有重要的现实意义和深远的历史意义。这是一项开创性工作，填补了我国为著名中医药学家大规模撰写传记的空白；也是一项抢救性工作，因入选传主已仙逝过半，许多亲历、亲见、亲闻的史料日见散逸，将之收集整理、编撰成书，功垂后世、利国利民；更是一项承前启后的工作，总结传主经验，传承中医药伟业，继往开来，光耀世界医学之林。这部医文结合，富蕴历史性、学术性、文学性和实用性的鸿篇巨制，对医疗、卫生、科研、教育及全球关注中华中医药文化的各界人士，都有重要的参考和阅读价值。

丛书的编撰出版，是一项巨大的中医药文

化建设工程，在策划、撰写、编辑、出版过程中，自始至终得到了国家有关领导、政府部门及社会各界人士的关心和支持。国家中医药管理局高度重视，并组织专家对全书进行终审；数百名专家、学者亲临指导，参与规划；有关省、市、自治区卫生厅、局、中医局（处）给予大力帮助；传主及其亲属、弟子热情支持、密切配合；撰稿人深情满怀、辛勤笔耕；编审专家尽心竭力、精工细琢；关爱中医药事业的企业家热心公益、慷慨资助；全体工作人员不辞辛劳、无私奉献，这一切使丛书得以顺利出版。对此，我们深表谢意。

由于时间紧迫和资料搜集困难，加之水平有限，难免有疏误之处，敬请广大读者批评指正。

中华中医药学，历史悠久，源远流长，发端于远古，奔向于未来。百年对于历史，不过是短暂的瞬间；百人对于万众，不过是沧海一粟。然本丛书所记载的百年百人，则无疑是波澜壮阔的中医药发展史上辉煌的篇章和光芒闪烁的璀璨星辰。

张镜源

# 目录

我的知识、经验是人民给的，我要把一切还给人民。我写书，有一个心愿，就是尽快地把自己的点滴经验写出来……免与草木同腐啊！

——叶橘泉

叶橘泉（1896—1989），著名中医临床家、教育家、中药学家、中国科学院学部委员、一级教授。

叶橘泉是中国近现代中医药发展史上的重要人物之一。1949 年后，历任江苏省中医院院长、江苏省卫生厅副厅长、南京中医学院副院长、江苏省中医研究所所长、南京药学院副院长；全国政协第五、六、七届常委，中国农工民主党第八、九届中央委员会副主席。

叶橘泉的祖籍为浙江省吴兴县（现湖州市）。1917 年，叶橘泉在家乡开业行医。1935 年，受聘于苏州国医专科学校，任中医学讲师，同时在苏州挂牌行医。同年，率先提出“整理中国医药必须开设有病房的医院，进行科学研究”，主张建立设备完善的医院，集中中西医两方的医师，在采用中医辨证论治的同时，结合西医的诊断，根据临床观察和病历记载，统计治疗成绩，将成果公开发表，以期总结出一套全新的经验和研究方法，教授给青年医师。

叶橘泉是采用现代科研手段研究经方的第一人。1939 年，参与创办苏州国医医院，任该院医务主任。他不仅以中医的传统理论和方法进行临床治疗，并且采用西医诊断来协助中医诊疗，使用统计表格对“经方”的疗效作了许多研究。他强调指出：中西医学应该相互取长补短，共同前进。他在院内采用中西医两套知识培训护士，并出版院刊，公开进行学术讨论。

叶橘泉一生从事中医中药的临床、科研和

教育工作，形成了自己独到的学术思想和风格。他的主要学术成就有：①方证辨证的运用，首次提出“方证学”概念；②精简处方的组合；③腹证的研究；④中药剂型的改革；⑤中药的科学分类与临床应用；⑥小剂量定型方剂的临床研究；⑦冷门中草药的资源开发；⑧中药保健品的研究和开发等。

至93岁辞世时，叶橘泉先后编著出版《近世内科国药处方集》（共六集）、《临证直觉诊断学》、《临证实用方剂》、《现代实用中药》、《中西病名对照表》、《近世妇科中药处方集》、《本草推陈》、《食物中药与便方》等31种共44册著作，并且在各种医学杂志和报刊上发表了500多篇学术论文及相关文章。可以说，叶橘泉是我国医药学著作最多的中医药学家之一。

叶橘泉的上述主张和实践，不仅对我国中医药学的继承与发展作出了重要贡献，而且对日本汉方医学界也有较大的影响。

1981 年，日本国立公园里建立的汉方医学纪念碑上，雕刻了叶橘泉关于促进中日友好文化交流的题词手迹。

## 严师教诲　勤奋求学

1896年（清光绪二十二年）8月15日，浙江省吴兴县双林镇鹞泊乡叶家兜的一户农家添了个小三子，取小名坤荣。

吴兴县地处上海、南京、杭州这一不等边三角形之中，与苏州毗邻，北濒碧波万顷的太湖，苕溪缓缓穿越县境，浇灌着这一物华天宝、人杰地灵的鱼米之乡。然而故乡的繁华、富庶却与叶家无缘。叶家到了坤荣的祖父、父亲辈，还是守着几亩薄田，难于立身。童年时代的坤荣看到父辈们生活的艰辛，懂得了发奋自强的道理。

坤荣7岁时，村塾先生张天源见他聪颖过人，爱怜之心顿起，主动找上门去，劝其父让坤荣到村塾读书。塾师根据“橘井泉香”之意，为坤荣取学名叶橘泉。在村塾读书的日子里，橘泉学得比其他蒙童更有滋味。塾师对这位学习勤勉、求知欲极强的学生倍加宠爱，认定这个孩子日后必有大出息。多年后他再次登门，向叶橘泉的祖父和父亲提议，送叶橘泉去拜师学医，这时候叶橘泉已是十六七岁的大小伙子了。按老规矩，拜师学医要送上“束脩”，况且家中还需要这个劳力，父亲谢绝了塾师的好意。

张天源，这位启蒙老师，在叶橘泉的成长中再一次充当起伯乐。他再三说服无果，最后不得不摆出“天地君亲师”的尊严：“你们不答应，那由我送他去学医好了，学费由我来付。”叶橘泉的祖父也很疼爱自己的小孙子，既然塾师把话说到这个份上，再也不能不给面子，他同意了。

1914 年，叶橘泉被送到吴兴县善琏镇夹塘村，拜张克明为师学习中医，迈出了漫长人生路上决定性的一步。张克明是三代祖传名医，善用仲景经方，临床经验丰富，处方药简价廉，往往投一两剂药，便使病者转危为安，乡里乡亲无不称颂。

这位业师对弟子的学习非常关心，要求也极为严格，命叶橘泉多读书，勤习字。业师的严命与叶橘泉的个人志向不谋而合。他遵循“抄一遍胜读十遍”的师训，一头扎进医书中，每日起早贪黑曲不离口地背药性，记汤头，熟读中医经典著作。他还端端正正、一字不漏地抄完了《黄帝内经》、《伤寒论》、《金匮要略》以及医方、本草等大量医书。正是这种看似笨拙实为捷径的治学方法，奠定了叶橘泉扎实的医学基础。

中医传统的带徒授艺之法，不只是对医典、处方、药性的死记硬背，更重要的是实践。叶橘泉跟随业师张克明临诊抄方，业师的望闻问切，他用心听，认真记，反复琢磨。他把自己对疾病、用药的判断，与业师的结论和处方进行对照，再与医籍中的论述进行比较参证，逐步做到心领神会，得心应手。

业师张克明并非故作高深的守旧派。当叶橘泉向他问及医理、药理，欲穷其“所以然”时，他实话实说：“中医是很深奥的，非穷毕生之力，难以贯通，许多地方我也讲不清，何况临床病症又变化多端。所以古人说‘此事难知’。只能多读多记多用，熟能生巧，便可豁然贯通。”

中医中药常有手到病除的奇效，其治病原则也充满着朴素的唯物论和辩证法。望闻问切以辨证，然后对症下药，是唯物的。主药对主症，根据病情的发展变化以及“通则不痛”，“上病下取”，“欲得南风，须启北窗”，“铜山东崩，洛钟西应”等诊治原则，充分注意到事物间复杂的内在联系，抛开“头痛医头，脚痛医脚”的简单化作法，充满着辩证的观点。

万事万物多有两重性，并非纯而又纯。传统的中医理论似星相、气功一样古老，在其从蒙昧走向科学的历史跋涉中，难免仆仆风尘，披上一层玄而又玄的纱幕。无处不在而又变幻莫测的阴与阳、寒与热、气与血、精与神，往往使人如坠五里雾中。究其理，唯辨证变通，以万变之药治万变之病；医道之高下，全在一个“悟”字。

俗话说：“师傅带进门，修行在个人。”随业师4年，叶橘泉不仅熟读了诸多医学经典书籍，而且参与了实习、临诊治病的实践。张克明对这位弟子的医道大为满意，便着意栽培，开始让他“放单飞”。

业师在当地名气大，请他出诊的病人多，时常忙不过来。夹塘村四周，西、南一线是水路，业师让其侄子摇着小船送自己去看病；东、北一带是旱路，全靠两条腿走，他常常对前来请看病的人说：“年轻人腿脚灵便，让橘泉去吧。”

开始时，病家总希望老先生亲自去，对这位小先生的医术还有点将信将疑，可是碍于老先生的面子，又不好推却。叶橘泉没有辜负业师的信任，每次诊治时，仔细问诊，谨慎处方。一来二去，四乡八镇可就传开了：“这位小先生还真是不一般，到底是名师出高徒！”

## 回乡行医　初试锋芒

1917年，学成回乡的叶橘泉在家乡独立挂牌行医。缺医少药的农村给这位初出茅庐的二十刚出头的小郎中提供了施展医术的大舞台。正是这个舞台上发生的一个个真实的故事，见证了年轻的叶橘泉治病救人、起死回生的高超医术。

有一位年轻媳妇，因与婆婆争吵而投河自尽，被人救起后，号哭吵闹不止，旋即突然僵仆，挺卧如死达七八个小时之久。亲属都以为她没救了，只好商量办理后事。适逢叶橘泉出诊路过，家人央求他死马当活马医。叶橘泉细心诊察，切脉尚未绝，断为“尸厥”。但那女子四肢冰冷，牙关紧锁，药不能进，眼见凶多吉少。叶橘泉搜索枯肠，在大脑中急速寻找类似病例、医案。他忽然想起扁鹊医虢太子，有针刺救逆的记载，于是立即采用汤沐热熨其四肢，并取过一围观妇女手中纳鞋底的针，向患者脚底涌泉穴重重一刺。患者抽缩其脚，旋哭叫而醒。在场之人，亲见叶橘泉起死回生经过，无不惊叹："神医！神医！"呼之不迭。"神医"自己也额手称庆："血之与气，并走于上，则为大厥。厥则暴死，气复反则生，不反则死。好险哪！"

1921年初夏，叶橘泉行色匆匆奔走在乡间小道上，去邻乡急诊。先是步行，然后乘船。当一叶扁舟把他送到目的地时，乡人叹道："先生来迟了，病人无救了。"他进门一看，病床帐子已拆除，"死者"身穿月白色棉制寿衣，已是停尸待殓了。妻儿亲属哭作一团，谁也顾不上招呼他。到了这步田地，一般医生往往道句"敬谢不敏"一走了之。倘若硬往这是非里凑，万一失手，岂不是砸了自家的牌子，坏了自己的名声？可叶橘泉救人心切，哪里顾得了许多！他急步趋前，细细诊脉。透过冰凉的肢体，他捕捉到一线生机——脉欲绝而未绝，病属热闭，于是急烧“苏合香丸”熏鼻。不久，病人逐渐苏醒，妻儿叩拜以谢，围观者无不视之为奇迹。“神医”的美名，由此传播桑梓。

苏合香丸为何有如此神效？这个问题开始盘旋在叶橘泉的脑际。从此他认准了终生奋斗的目标：用科学的方法解开中医中药辨证论治的医理之谜，从中医中药“只可意会，不可言传”的扑朔迷离中探求它的科学性，使人不仅能知其然，而且能知其所以然。

30 年后，叶橘泉编著的《临证实用方剂》一书解开了这个谜。书中写道：“苏合香丸的组成：苏合香油、龙脑香、熏陆香各一两，安息香、丁香、青木香、沉香、麝香、香附、犀角（现已代用）、朱砂、白术各二两。主治：胃肠病、中毒型、脑病型、心脏衰弱（有回苏作用，适于热病昏迷时作急救）。”

谜底一旦揭开，竟是“神医不神”——没有玄妙的医理，不带神秘的色彩。可就是这简简单单的一剂药丸，凝聚了包括叶橘泉在内的多少代医家的临证实践，融合了多少已经解开和有待解开的中医治病机制和原理呀！用，然后知不足。叶橘泉为打开中医中药的迷宫，在行医实践中不断探索，在探索之路上不断接受新知识。偏处穷乡一隅，在那个年代里，要得到一本新书实属不易。他千方百计遍寻医书，穷究医理。

1925 年，恽铁樵创办上海“铁樵函授中医学校”。在家乡行医的叶橘泉得到消息，立即报名参加。他如饥似渴地学习中医学理论，并研读了大量的医药学著作，包括恽铁樵的《函授中医讲义》、章太炎的《猝病新论》、丁福保翻译的日本汉方医药书籍以及西方学者研究中药的资料，从中汲取新的营养。

1927年起，叶橘泉开始积极向医学杂志投稿。除了介绍自己临床治疗病例的总结之外，对于中西医如何沟通，他也坦诚地陈述自己的见解。他认为："中西医结合，不仅能更好地继承和发展中医药学，而且能更加丰富现代西医学。"1931年，叶橘泉在医学杂志上发表《现代国医的六要》一文，强调指出现代国医应具备的六要素："要有健全的思想，要有良好的习惯，要有科学的知识，要有继续的求进，要有公开的研究，要有发明的创造。"可以看出，时年35岁的青年中医叶橘泉已经很清醒地看到中医发展应走的道路。

## 设立医院　统计疗效

1935年，中医面临“救亡图存”的严峻局面。北平《明日医药》杂志上刊载了一篇文章《整理中国医药须设医院实验说》，它的作者便是苏州国医专科学校中医学讲师并在苏州设诊所行医的叶橘泉。

他在文章中写道：“建立设备完全之医院，集中医与西医于一堂，着手研究实际之诊断与治疗，以科学之方式参照近世之病理为诊断，参用国医之证候疗法，根据病床日记，统计治疗成绩，由此以考究药物之功效，然后药理作用、病理变迁、病原真相等方能明白。于是积集记载，公布国内，公开院内之诊断，发表统计之结论，同道之士，乃得因此而质疑辨惑焉。”

此文发表以后，不仅引起国内许多同道的关注，也在东邻日本汉方医学界引起较大反响。日本著名汉方医师大塚敬节（后任日本东洋医学会会长）率先撰文，发表在日本《汉方与汉药》杂志上。文中说：“叶橘泉氏所写《整理中国医药须设医院实验说》，虽然只是一页短文，我对他这种设想无条件表示赞成。我盼望叶橘泉氏的设想能尽早在中国实现，同时也期待我国（指日本）能尽快设立这样的医院，将汉方医学进一步深入地研究下去。”

然而在当时的中国，想要设立一所拥有病房的正规中医院谈何容易！直到 4 年后即 1939 年 4 月，江苏省政府才拨款在苏州景德路 227 号设立苏州国医医院，院长为前清举人、名医唐慎坊。时年 43 岁的叶橘泉任医务主任，负责全院的医疗业务。

该院的建院宗旨是：“以医药治病，以科学

说理。方剂维古，学理维新。方剂愈古则愈纯朴，而治效之经验亦愈丰富。学理愈新则愈正确，无模糊影响之弊。根据新学理，研究旧医学。应用古方药，治疗新疾病。化古方为新药，化古朴为神奇。”

该院12名医师都学有专长。医院分设内科、外科、妇科、儿科、伤科、针灸科共6个科室。有门诊，有病房，病房设有10多间，共50多张病床。这样的设施在当时国内的正规中医院里应该说是领先的。

医务主任叶橘泉主张，办中医院的重点应是从中医科学化的角度考虑。中医学是实用之学术，绝不是纸上谈兵似的研究所能成功的。证候之鉴别、病型之断定、药物之疗效等，均在于临床之探讨，用实验统计之方法归纳其特点，才可以说是科学方式的研究。

苏州国医医院开办后，为了能够准确地诊断疾病，在经费并不宽裕的条件下，购买了诊断疟疾及伤寒等疾病用的玻璃片与玻璃试管。为了检查患者的排泄物，购买了广口玻璃瓶和玻璃杯，以贮存患者的小便、痰液及呕吐物等。为了将一部分病例留存资料作为今后研究之用，医院还购买了照相机。例如，患者陈先生服用龙胆泻肝汤佐更衣丸后排出的胆结石，被拍成照片予以保存。这些吸收现代诊断技术的做法，在民国时期被称为是中医学领域的一个重要的创新。

苏州国医医院将治疗的病例采用统计列表的方法来观察中医药的效果。叶橘泉认为："自古以来中医无医院之设备而作集团的实际的研究，故纵有宝贵的经验，亦多散漫而无系统，偶然而无统计。让我们来看看方书上的记载，往往根据各人自己的意思来夸大其神奇的疗效。说某方药治疗某疾病，多次使用疗效甚佳，或说有百分之百疗效。而我在试用后，往往感觉到对有的人有效，而对有的人并无效。三次试用两次有效的，就已算是很不错的了。所有这些，正是因为没有经过详细实验统计的缘故。中国医药虽经数千年的经验而得到现在相当的实效，我人应再求进步，加以研究和整理，使其追踪于世界医药学术之列。”

为了统计得更加准确，该院建立了12位医师的医案。例如，叶橘泉在1939年4月～10月的半年里，一共治疗住院病人132名，主要是应用仲景经方来治疗，痊愈者107名，愈而未痊者19名，拒治者5名，不治而死亡者1名。叶橘泉将这些患者的人数、病种、方药、效果等列表统计，内容详尽，阅之一目了然。其他11位医师也列表统计自己的治疗实例。这些医案均报告于社会面前，以作公开的学术研究。

叶橘泉认为，只有制成统计表，才能观察到采用经方治疗的效果。因此，该院通过半年的工作，制成11种统计表格，其中之一为《门诊治疗应用经方比较表》。该表中列有 42 种经方，每个经方的使用频率均以百分比标明。另有《住院患者应用经方比较表》，列出的经方和同类方有 26 种，其使用频率的高低也用百分比作参照。在《本院施用方类之总比较表》里，经方是 75％，时方是 23％，单方是 2％。在《本院医治结果之总统计表》里，痊愈者是 62％，已获效而中辍治疗者是 31％，尚在治疗中的是 4％，医治无效及谢绝者是 3％。

经方自产生以来，其疗效究竟如何，很少有过如此翔实、准确的统计资料。从现存民国时期中医院的资料来看，全国范围内只有苏州国医医院使用统计表格对经方的疗效做过统计。由于当时正处于战乱时期，苏州国医医院只开办不到两年就被迫停办。然而在该院的存续期内，叶橘泉率领医师们坚持中医的主体地位，并采用现代科学的方法，最终取得了不少成果。这在当时的历史背景下，实属难能可贵。

叶橘泉认为，中医院不仅仅是一个治疗机构，也是一个整理改进中医的机构。1939 年，他在《苏州国医医院院刊》上呼吁说：“单纯从事于治疗，尚较容易，如于整个中医学术实验研究而求整理改进，则事关重大，不是本院一家所能解决，需要全国的中医同道赞助响应，必须在全国各地设立中医院。”

从那以后相隔 15 年，即 1954 年，叶橘泉受命在南京筹建创办江苏省中医院，并担任第一任院长。与此同时，全国的大中城市也相继开办了中医医院，综合性医院里则普遍设立中医科。这是国家政策实施的重大成果。叶橘泉作为此项重大举措的积极倡导者之一，多年的夙愿终成现实，他兴奋不已，撰写了《几十年来的愿望实现了》一文，发表于南京的《新华日报》上。

叶橘泉筹建创办并曾经工作过的江苏省中医院，50 多年后已经发展成为一所集医疗、教学、科研、预防保健、急救等于一体的现代化的中医医院，拥有35个临床科室和5个医技检查科室、1126张病床，还拥有核磁共振、全身旋转CT、高压氧舱等大型医疗仪器设备。医院制剂部常年生产20多类剂型、200多个品种的特色制剂。各科室采用固定方剂成功治愈许多疑难病症，自2003年以来已经发表学术论文1775篇。

如果叶橘泉还健在的话，看到江苏省中医院这样大的发展，该有多么欣慰啊！叶橘泉的照片常年悬挂在江苏省中医院的门诊大厅里，让后继者永远怀念他，他的学术生命将不停地流淌在一代又一代后学者的血液中。

## 融会中西　崇尚科学

20 世纪初，随着西方医学科学传入中国，国内掀起了一场中西医大论争，对于传统的中医学，出现了几种极端的态度。一种是视中医为巫祝，提出要废止中医；另一种是视中医如圣经，绝对动不得，不愿接受并否认西医的科学成果；还有一种是汇通派，尝试进行中西汇通。

叶橘泉是坚决反对废止中医的，但又不愿做一个“单纯的中医”。他认为，不仅要注重中西医理论的合作，更要重视中医有效方药的研究。叶橘泉很早就强调：“研究中医一定要重实效，戒空论。”1928 年，他向医学杂志投稿，提出中医应该有所创新，不断发展，才有前途。

他认为，临床诊疗时，在以中医理论诊断疾病的前提下，可参考现代医学的诊断技术，最终目标还是为了提高中医的临床疗效。

然而中医“救亡图存”的出路又何在？20世纪30年代，正值中年的叶橘泉与北京的施今墨及上海的陆渊雷、章次公等一批名中医师一起，提出了在继承中医传统特色的基础上，以现代科学的方法研究和发展中医学的主张。这种学术观点无疑推动了当时中医的发展。

1935年，叶橘泉编著出版《近世内科国药处方集》（共六集）。日本汉方医学家大塚敬节撰文，称此书为“划时代的佳作”；北京的名医施今墨称该书“在医林著述中，是殆沟通中西之嚆矢欤”。叶橘泉在自序中介绍自己平生的治学方法：“……平素研究医学不分门户，参阅中西医书及临床治疗经验……”

1935年以前，叶橘泉在家乡开业行医时，曾结识了一位教会医院的西医师。那位西医师喜欢向叶橘泉学中医以及中草药、单方、验方等知识。叶橘泉在认真传授的同时，也虚心向他学习通过实验手段诊断疾病的方法，此后两人结成莫逆之交。

那时的乡村里疟疾流行。遇到恶性疟，任你作伤寒治或作温病治，若不结合西医手段，终无回天之力。而结合西医手段的做法是：在患者的耳垂上刺点血，拿到显微镜下检查。若发现有恶性疟原虫，则采用抗疟特效西药，很快就能治愈。然而有一种三阴疟，可能是已产生了抗药性，非常顽固，即使采用西药“奎宁”、“扑疟母星”、“阿的平”等抗疟特效药，也不能见效。叶橘泉建议那位西医师试用三甲散末，用黄酒送服。西医师如法炮制，辨证治疗，果然能减轻一部分患者的症状。

叶橘泉的家乡浙江省吴兴县是蚕桑区，那里的农民每到夏秋季节易患一种叫做“桑叶黄”的疾病（十二指肠钩虫病）。患者面黄目肿，喜嗜食异物，浑身乏力。中医常用的处方是黄病绛矾丸，颇有成效。该处方系煅皂矾合平胃散组成。皂矾里含有铁剂，能治疗钩虫病所致的慢性失血性贫血；平胃散燥湿健脾，配伍合理，比西医单用硫酸亚铁效果更好。问题是“桑叶黄”为传染病，患者粪便中有大量虫卵，在桑园施用人粪便的过程中，虫卵又孵化成钩蚴；农民干活时双脚踏在泥土上，钩蚴则从脚趾间的皮肤侵入人体，即发生“钩蚴性皮肤炎”，局部湿烂奇痒，钩蚴钻入皮下后，从血管内随着血液循环而至肺动脉侵入气管，发生钩虫性哮喘；最后钩蚴经消化道而至小肠，钩住肠壁，一边吸血，一边排卵，虫卵随着粪便排出，又传染给他人，造成恶性循环。叶橘泉经常举上述例子来说明中医师需要参考西医知识的重要性，同时指出，对付这类传染病，除辨证治疗外，还应该重视预防，需要中西医结合才能解决根本问题。

1935 年以后，叶橘泉在苏州行医执教时结识了几位西医师，遇到不懂的问题，经常向他们请教。用他自己的话说，当时的学习几乎到了废寝忘食的地步。

西医师治不好的病也常请叶橘泉用中医方法治疗。看到中医行之有效的病例，西医师们很惊讶，这促使他们开始想学中医，买中医书看。苏州国医专科学校里一位教解剖生理学的施毅轩西医师，其妻子患坐骨神经痛，虽经打针、服西药，效果均不明显。施医师问叶橘泉，中医有何好办法？叶橘泉经诊脉，见这位妇人脉象沉迟、舌淡苔白、头时眩晕、腰脚常冷、体形肥胖、颜面少华，证属寒湿阻络，处以苓姜术甘加附子合当归四逆汤。服数十剂，即见成效。施医师夫妇欣喜之余，加深了对中医的信任。

叶橘泉在诊疗时，即便是面对素不相识的、西医治而未愈的病人，在接手治疗的过程中，也从不是拆台，而是补台。

一位68岁的老太太，一天突然恶寒发热、头疼、咳嗽、胸痛、呼吸急促、呕吐不止，遂请西医治疗。验血、验痰，发现血中白细胞增多，痰中有肺炎球菌，于是服药并注射针剂。经三四日，热退，胸痛咳嗽亦减，但神志不清、呼吸急促、四肢发冷。西医师一边注射强心剂，一边告诉病人家属，此病属老年心脏衰弱，并非药力所能挽救，嘱准备后事，敬谢不敏，随即而去。老人之子不忍置之不治，复邀叶橘泉诊治。当时老太太肌肤冰凉，不饮不食，呈无欲状态。叶橘泉诊后，处以大剂量麻黄附子细辛汤加桔梗、远志及六神丸，调治十余日，竟告痊愈。但叶橘泉并不因此而抬高自己，贬低西医。他对患者家属说：西医的说法很有道理，确属年老衰弱所致。

叶橘泉根据长期的临床实践，结合现代医学的检测方法，按微观辨证所获得的认识论治，以提高疗效。1970 年以后胃镜检查得到了普及，叶橘泉在临床诊疗中积极参考这一新技术。每当在治疗胃溃疡或慢性萎缩性胃炎患者时，他尽量根据胃镜中的观察结果，有针对性地用药。例如，观察到胃黏膜呈红白相间，就在处方中用当归、川芎、丹皮、丹参、红花，以活血化瘀生新；如胃黏膜组织中检查出有肠上皮化生，就在处方里加入山豆根、野菱、白毛藤等药物，以防细胞发生癌变。事实证明，如此对症用药，确实能提高临床疗效。

1949 年以后，叶橘泉无论是在江苏省中医院，还是在江苏医院、江苏省五七干校中心医务室，或者是在江苏省人民医院，都经常与周围的西医师共同商量治疗方案，孜孜不倦地摸索中西医结合治疗的新方法。1954 年，叶橘泉编著出版了《中西病名对照表》一书。

在 20 世纪五六十年代，叶橘泉鲜明的中医现代化的学术观点及与众不同的新理念刚提出时，起初有很多不同的反应，但最终得到了多数人的理解和支持。1962 年，华东局宣传部副部长俞铭璜在一次叶橘泉也出席的江苏省卫生工作负责人会议上说："搞中西医结合，现在还处于试验阶段，免不了出现一些不伦不类、非驴非马的现象，中西医结合研究一定要坚持，要发展。叶橘泉同志，我们是尊重你的，支持你的工作，希望你放手去做……"在那一年的国庆节，南京新街口的观礼台上，这位领导又握着叶橘泉的手说："你写的书我全部都看过了，你是中医界的模范。"1965 年，卫生部部长钱信忠明确地指出："叶橘泉同志是主张搞中西医结合的，他的中医学术观点是对的。"叶橘泉的前辈和老友施今墨也从北京来到南京与他长谈，支持和鼓励他把中西医结合的工作坚持做下去。这一切都激励叶橘泉始终满怀信心地在已开创事业的道路上坚定不移地走下去。

1986 年，90 岁高龄的叶橘泉在《我对中西医结合的认识和体会》一文中深情地说："中西医结合，不仅是继承和发扬祖国医药学问题，而且是丰富现代西医的实践和理论问题。可以说，中西医结合，是中医现代化、西医中国化，是我国医药学向前发展而成为具有中国特色的新医学新药学问题……我的设想是坚持继承先贤遗教，'勤求古训，博采众方'，在传统经验基础上，进行'证'和'方剂'的研究。坚持临床实践、再实践，总结提高，肯定疗效。其次是必须中西医紧密配合，运用双重诊断，辨证与辨病相结合，发掘前人具体实践之珍贵经验——'医方'，进一步应用先进科学技术阐明'古方治今病'所以然的道理。"

1987年，叶橘泉在《再论中西医结合，保持中医特色》一文中指出，中医的主要特色，是证候鉴别的临床诊断和运用方剂的辨证治疗。中西医结合，不是糅合，也不是混合。因中医和西医是两个本质不同的医学体系，各有自己的特色……我们认为中西医有机地结合，目的在于发挥双方的特长，扬长避短，而不是其他。

叶橘泉关于中西医结合的理论和实践，随着时间的推移而为越来越多的人所认同。只要将中医用现代科学武装起来，中医中药必将出现新的鼎盛时期。当今全世界悄然兴起的中医中药热，就是证明。叶橘泉在大半个世纪里为中西医结合而奔走呼号、身体力行、充满艰辛的一页将永远留存在我国中医药学的史册中。

## 辨证论治　重视方证

古代称医为“方技”或“方术”，均说明方剂乃是中医独特的精髓之一。叶橘泉始终强调中医的主要特色是辨证论治，亦即辨症求“证”，论治施“方”，方证相应，疗效卓著。这是在继承和发展中医的过程中必须始终把握的核心原则和关键。

叶橘泉在《名老中医之路》中回忆道：“我自幼接受业师传授，开始偏重于经方。平心而论，张仲景《伤寒论》、《金匮要略》的辨证处方，理法严谨，方药组织颇有规律，其备受历代各家所推崇者，不是偶然的。”叶橘泉认为，要保持和发展中医特色，应该宗法仲景六经分证及八纲辨证，围绕仲景学说来开展“方证学”

的研究。有是证，用是方，方证相适应，即“以方名其证”。如柴胡汤证、桂枝汤证等，主证用主方，兼证用加减方或合方。

叶橘泉常对学生说：“中医方剂的配伍运用是一门艺术，例如，小柴胡汤的处方由普通的七味中药组成，但其应用范围很广。张仲景在《伤寒杂病论》里总结出23条，用于胸胁部位的多种病患，具有多方面的疗效，其机理还不能用现代科技完全解释清楚。中医古方，往往仅由少数几味药物组成，看上去一般，疗效却不平凡。例如：平胃散、二陈汤，都是四味中药组成，而且一半是相同的（如陈皮、甘草），六君子汤与五味异功散只差一味药，功用则不同。”

叶橘泉认为，药物配伍后可能产生“协力”或“拮抗”作用。如大黄配芒硝，泻下作用更可靠。显然，硝黄、姜附、归芎、苓术等“对药”是协力作用。大黄配甘草，可起拮抗作用。

根据辨证论治，辨证与辨病相结合，往往出现奇迹般的效果。如柴胡桂枝汤，即小柴胡汤与桂枝汤合方，对癫痫有效。当归四逆加吴茱萸生姜汤，可以防治冻疮、闭塞性脉管炎、脱疽等。柴胡加龙骨牡蛎汤，主证为“胸满烦惊”，用于癔病性惊厥、更年期综合征、癫痫、精神分裂症、白塞病、心律不齐、高血压、动脉硬化及便秘等，具有多方面的疗效。

又如桔梗白散，叶橘泉将其用于痰食胶结、昏迷遗尿之老年患者及小儿肺炎有结胸证者，均收良效。桔梗白散的主要药物是巴豆，叶橘泉认为只要用之得当，实有斩将搴旗之功。金匮肾气丸是“虚劳腰痛”、“少腹拘急”，即“挛急”或“不仁”，小便不利或反多，以及老年肾气虚弱的主方，该方对于夜尿、尿频、前列腺肥大、前列腺炎、慢性肾炎等疾患有效。后世的济生肾气丸、杞菊地黄丸、六味地黄丸等，都是该方加减而成的。可见经方是众方之祖，此言不诬也。

时方中同样有许多好的验方，如五积散乃是平胃散、二陈汤、桂枝汤、苓桂术甘汤、苓姜术甘汤之复合方剂，药味庞杂，但组方合理，不仅可用于五积，对表里内外、脏腑经络之寒湿阴邪，皆能治之，故能用于哮喘及寒冷性坐骨神经痛、腰痛、胃脘疾患、妇科疾患的治疗，每每奏效。黄连解毒汤用于各种出血而属于阳证实热者；防风通圣丸之治高脂血症和肥胖症；瓜蒌枳实汤之治胃热积结；苏子降气汤之治上实下虚、剧咳、面热足冷……只要辨证得当，常有著效。这些均反映出叶橘泉用方之特色所在。

在临床治疗中，叶橘泉提出："中医要振兴，要发展，首要问题是如何把传统老中医的经验、心得和方法，实事求是地传授给后学。"他说："我年轻时，最爱读医案，可是读到明清以后的一些医案时，感到大失所望，医案有时不提方名，而是以法代方。现在也有一部分中医师报道说用‘活血化瘀法’治愈了某种疾病，但不知用的是什么方？什么药？因为活血化瘀的方药很多，这种提法，只有作者自己心中有数，读者却无从了解，用来介绍经验是不适当的。”

在辨证论治、选定复方的研究上，叶橘泉建议先从典型的方剂入手。例如：白头翁汤是由白头翁、秦皮、黄连、黄柏所组成，这四种药物都有抗菌作用，可以说明药物复合的协同作用，但是不是较单独应用具有更大的威力呢？乌梅丸治蛔厥，方中既有川椒、乌梅等驱蛔药，又有当归四逆及姜、附、连、柏等，这个复方既有病因疗法，又是证候疗法的兼治方剂。这里的蛔厥包含有呕吐而厥逆等厥阴症状，乌梅丸方之治胆道蛔虫病，不但用以驱蛔虫，并用治呕吐而烦、腹痛而厥等证候群。通过这一事例，启发了我们对厥阴病热盛厥深的病理及乌梅丸复方寒热错杂的病理探讨，可以结合实际作进一步研究。

叶橘泉认为，中医学的内容非常丰富，目前还不可能用科学研究的方法将中医学的内容全部解释清楚，但先从临床总结疗效卓著的部分着手，这是必要和恰当的步骤。

叶橘泉在《中西医结合杂志》撰文提出："'证'的研究，是非常重要的。按仲景学说，应该称'脉证研究'，是否先搞一个《临床证候名录》或《脉证名录》，把重要的证候名称排列出来。'证效关系'的研究，是一针见血的提法，我十分赞成。这实际是'证与治'的关系，也就是'证'与'方'的关系。'证'之与'方'，犹如'锁'之与'钥'，'证''方'相应，其效始显，'证效关系'的研究是大有可为的。"

叶橘泉在临床诊疗中对腹诊也非常重视。他说："要取得完善的诊断，四诊不能缺少其一。腹诊属于切诊之一，对临床诊断有确切的帮助。"

## 剂量改革　勇开先河

关于中药剂量的改革，叶橘泉也进行了临床研究。1962 年，他组织江苏医院中医科的中医师们重温古代文献时，注意到汉、唐的方剂，不仅其剂量远比现在的小，而且那时的方剂药味较简。尤其是宋、金、元时代的医方剂量，明显比现在小得多。无论是官家的《太平惠民和剂局方》，还是严用和的《济生方》以及金、元时代李东垣等的方剂，剂量均小。李东垣的补中益气汤，每服只有二钱八至三钱三（8.4～9.9g），一日两服，亦不足七钱（21g）。

参考日本及前苏联医界对生药的用量，恰与我国古代剂量相仿。日本出版的《经验汉方处方大成》一书中，收集有我国古方和时方

600多首，其中，最轻量的栀子干姜汤，共两味，一日量为4g（约一钱余）；最重量的人参养荣汤，共12味，一日量为31g（约一两余）。

再看前苏联出版的《苏联医学手册》，其中收藏不少植物类的“茶剂”，例如，利尿茶剂、轻泻茶剂、健胃茶剂、利胆茶剂，成分几乎都是中药。其用法是，把干燥植物碎成粉末，成人每剂一汤匙或一茶匙，沸水一杯浸泡30分钟，过滤，一日分数次服用，小儿依年龄、体重酌减（一汤匙干燥粉剂约二钱余即约6g，一茶匙约一钱余即约3g）。由此看来，前苏联的用药剂量也和我国宋代相仿。

叶橘泉随后制订了“定型方剂及小剂量的研究”这个题目进行临床探究，借鉴我国古代及邻国的经验，参考当时（1962年）国内用药的习惯，将成人每日总剂量折衷为一两（30g）左右。这个剂量虽比宋、元方剂的用量增加了不少，但比当时国内一般的剂量还是减少了很多。如果临床研究能证明同样有效的话，不仅可为今后中药药理和药剂方面的科学研究打下基础，还可以缓解一部分药材供应紧张的状况，可为国家节省宝贵的药材资源。

叶橘泉首先选择了“柴胡加龙骨牡蛎汤”来作临床研究，将其锉为粗末，成人每日总剂量为九钱（27g），装入纸袋，每日一袋，煎服。该方出自《伤寒论》，方由柴胡、黄芩、生姜、铅丹、人参、桂枝、茯苓、半夏、大黄、大枣、龙骨、牡蛎等12味药组成。根据原方主治“伤寒下后，胸满烦惊，小便不利，谵语，一身尽重，不能转侧”的条文，分析该方包含有小柴胡汤、小半夏加茯苓汤及龙牡汤等方的主治。在一年多的时间里，应用于严重失眠、遗精、癫痫、肝区疼痛、肺结核、梦游症等患者100余例，获得了良好的疗效。

接着，叶橘泉又研究了桂枝加龙骨牡蛎汤。根据该方条文，主治“失精，少腹弦急，脉急虚，清谷亡血，目眩虚劳发落，梦交等等”，而用于较前病症更虚者，贫血明显、大便倾向于稀薄者。这个方剂药味较少，总剂量为七钱（21g）。四五个月内，用了 180 余剂，30 余人次服用，一般反应有效。

在柴胡加龙骨牡蛎汤和桂枝加龙骨牡蛎汤取得疗效的基础上，叶橘泉又根据张仲景当归四逆加吴茱萸生姜汤主治“手足厥寒，脉细欲绝”及“内有久寒”的原则，用于 4 例顽固性脱疽，疗效极为满意。兹举病例一则如下：

童某，男性，48 岁，两足趾疼痛已 16 年。1954 年因胃痛体检，发现肝大、胃小弯溃疡及胃下垂，两足趾阵阵疼痛如烧灼状，尤其在冬天发作频繁，并有规律性地于每年三四月间发作。1958 年春季，行左足大脚趾切除及右足大脚趾部分切除，并曾做两侧腰交感神经切断术。1962 年 2 月住院，行右足中趾切除，及两侧肾上腺部分切除术，后又疼痛发作；同年 7 月复做左大脚趾关节断离术，但术后又呈阵发性疼痛，不能入眠，局部干性坏死。由于局部血管营养不良，致创口裂开，无法愈合，9 月 27 日转为中医治疗。诊其脉弦细，四肢厥冷，舌有白苔，面容憔悴，且时有胃痛，因而投以当归四逆加吴茱萸生姜汤（这一例不是锉散剂）。开始时所用剂量比较重，后来因当归等中药实在供应不上，不得不改用小剂量，持续服至 10 月中旬，疼痛著减，创口缩小。始终坚持原方小剂量持续或间日服药，至 11 月底，干性坏死部分渐显红润。至 12 月，疼痛大减，创口已完全愈合，能骑自行车外出活动。患者出院后，经调查追访，一般情况良好。

叶橘泉在论文中总结指出：继承和总结古代经验，对于这些平凡的问题也要注意。当然，具体问题还需具体对待。病有轻重缓急，体有大小强弱，一般和个别，自难强求统一。可是在一般情况下，尤其是慢性病，根据这次的临床研究可以证明，只要辨证正确，小剂量也有同等效果。

上面是复方的剂量，但是对单味药的用量，则是另一个问题。譬如用雷丸、槟榔等驱虫药，如果剂量不足，就难以见效。中医学里的内容是丰富多彩的，既有复方的辨证施治，又有单方的特效疗法。作为单味药来说，它的作用往往随用量和用法而不同。近年来，经科学研究证明，人参用小剂量有强壮、兴奋神经的作用，用大剂量则反而有抑制作用；茜草用小剂量能止血，用大剂量则有通经作用；雷丸杀绦虫，须生用磨粉服，如作煎剂则效减弱。凡此等等，均不容忽视。

历代经验有效的方剂，是先辈实践经验的成果，应该作为总结研究的对象。要总结这些经验，必须保持其原来的面目，认真严肃地进行。叶橘泉认为，中药的疗效存在着药物的综合作用，一个有效方剂的疗效，同样是其中配伍药物的综合作用，因此要观察一个方剂的疗效，不能随意加减，否则无法观察总结。要把定型的方剂和其适应的证候，作辨证与辨病相结合的观察、研究，初步肯定它的疗效范围，以便推广应用，并为今后科学研究打下基础。中药剂量问题，是否能在继承古人实践的基础上，按照宋、元时期的剂量，应用于临床？如果能证明同样有效的话，不仅在经济上，而且在中药药理上亦有其研究的意义。

另外，关于中药的用量单位，叶橘泉很早就提倡采用国际单位制，以代替旧制。他在1953年编著的《现代实用中药》一书里，已经全部采用了“克”、“毫克”等国际单位。

## 医药一家　本草推陈

叶橘泉在长期的临床、科研、教育工作中反复强调，医药一家，不可分割，也无法分割。作为一名中医，不仅要会开处方，也要熟知中药治病之道，如钥之启锁，除辨证功夫，还当熟记药性，方能得心应手。

1984年6月，叶橘泉对来访的年轻中医们谈道："上海有人在《中西医结合杂志》上发表了单味大黄治疗三种消化道急症，我认为这一篇文章讲得很确切，经得起重复验证，别人容易学，价格也便宜，你用了它有效，他用了也有效，效益就出来了，这是硬碰硬的。中西医结合的研究要落实到药，中医就是从用中药治病发展起来的。古时有'神农尝百草，而医药兴’，可知中医来源于中药，中药是中医的武器。战士不懂武器就不能打仗，医生不懂药怎能治病？中医与中药唇齿相依。”

叶橘泉生前编写出版了多种药物学、本草学著作，例如《合理的民间单方》、《临证实用药物学》、《现代实用中药》、《江苏中药名实考》、《本草推陈》、《食物中药与便方》、《本草钩沉》。他还翻译出版了《动植物民间药》（日文）等。这些著作除了记载他自己的实践经验以外，还引用了大量当时最新的科研资料，内容科学，观点新颖，绝无模棱两可、含糊其辞的表述，受到了海内外学者的广泛好评。

1933年，37岁的叶橘泉在家乡开业行医时，创办了“国药单方实验研究社”，除了教授学生学习中医基础理论外，还带领学生上山识别中草药。

叶橘泉长年注重收集民间的单方、验方，再经临床验证，将行之有效的部分写成文字，陆续投稿至上海出版的《大众医学》杂志。1935年，他将全部文稿汇集并加以修改，撰写成处女作——《合理的民间单方》，该书问世后，由于内容通俗易懂，颇受读者欢迎。叶橘泉在书中指出："书本所载之方药，不但供民间之采用，且可作西医师及药剂师研究中药之参考。因西医尚无特效药之疾病，中药治之屡获奇效，即西医已有特效之数种疾病，以中药治之，反比用其特效药为速，由此可知中药亦有胜过西药之处。"

叶橘泉年轻时在家乡行医，曾遇到一位30多岁的男性患者，鼻旁生了一个小疖，一夜之间，肿胀蔓延至面颊，口唇坚硬紧张，疼痛高热，神志恍惚。这是患了疔疮走黄（败血症）。其时，叶橘泉急命采集野菊花一大把（约半斤）煎汤，让患者一天连续喝数大碗。当夜患者即安静，翌日热退，疼痛大减，不过一周而愈。

还有一位20多岁女性，患了慢性肾盂肾

炎、膀胱炎，带浊淋沥，痛苦不堪，半年多来，用了不少抗生素，症状时轻时重，不能根治。叶橘泉嘱其每天自采新鲜车前草 10～20 棵，煎水多量饮服，连服 1 个月后见效，以后再未复发。

叶橘泉认为这些实例是能够重复验证的。野菊花还可用于脚癣的感染化脓，煎汤作洗剂，脓液往往一扫而光。车前子还能治泻痢等。此类病例很多，不胜枚举。叶橘泉常对学生们说："中医药学这一宝库中，有效疗法很多。作为一个中医师来说，无论什么疗法，只要疗效可靠，都应该兼收并蓄，为患者解除疾苦。"

1938 年，叶橘泉总结自己的临床经验，编著出版了《临证实用药物学》一书。

叶橘泉的代表著作之一是 1951 年出版的《现代实用中药》，有 60 万字。叶橘泉说他写此书的目的之一是为了"抛砖引玉"。他在书中收集并列举了常用中药 700 余种，在"效用"一栏里分两项，第一项采用现代病名，第二项为中医病名。这样两两对照，使中药的应用更结合临床，起到一种桥梁的作用。在中药的成分、药理及附方等分项中，叶橘泉除了记录自己的经验和国内报道的相关信息之外，也收录了前苏联和日本的最新资料。他在该书的再版序言中谈到，中药的临床实践条件日渐成熟，希望中医师们在临床上应用中药时，尽可能予以简化，掌握主要证候，配合科学诊断，选含有一两味、最多四五味中药的处方，勿为传统习惯所束缚。简化处方后，进一步考察服药的经过，以统计某药、某方的效果，且较为准确，如此就能把中药的疗效更明确地肯定下来。

《现代实用中药》出版后，也受到了日本医学界的关注。1962 年，东京理科大学教授长泽元夫随日本文化代表团来华访问。在座谈会上，他对叶橘泉说："我们日本的学者都认为叶先生写的《现代实用中药》这本书最有参考价值。"

叶橘泉在与中医同行座谈时说："中药的种类繁多，名实混淆、阴错阳差的情况，自古有之，现在更甚。由于新品种不断地被发现，老的品种常常被混淆，甚至失传。例如，五加皮这味中药，它和人参同是五加科植物，其功用亦与人参相近，有补益强壮功能，常被用来泡酒或煎服。后来又发现了一个新品种，为萝藦科的'杠柳'，泡酒治风痛，止痛效果好，还有强心利尿作用，但不可过量和长期服用，以防蓄积中毒。大家称其为'北五加'，将原来的五加皮称作'南五加'。以后南五加渐渐失传了，中医师处方开'五加'时，哪里知道五加科的'南五加'已经没有了。患者服用了萝藦科的'北五加'后，是无法收到补益强壮功效的。

另外，《金匮要略·呕吐哕下利病脉证治第十七》的紫参汤中紫参这味药，不知怎么张冠李戴被称为草河车，而真正的草河车应该是百合科重楼属的'七叶一枝花'，这味大有'前途’的消炎解毒药‘七叶一枝花’却失传了，仅流传在我国民间，只有草药医生在用，中医师想用也没有了。诸如此类的情况，比比皆是。”

为了尽快纠正中药使用中这种张冠李戴的混乱状况，1957年，叶橘泉兼任江苏省中医研究所所长时，对江苏省的中药进行了调查，确认了一些品种，改正了相当一部分错误的用法，并编写出版了《江苏中药名实考》一书。

1960～1963年，国内中药材供应紧张。为了推陈出新，叶橘泉根据自己的临床经验，选择了一批不太知名但确实行之有效的药用植物近200种，编写出版了《本草推陈》一书。

在临床上，叶橘泉经常采用民间单方和验方给患者治病。如选用鬼针草、卤地菊、水杨梅、鱼鳖金星以及千里光等清热解毒药，充分发挥它们的抗菌消炎作用。他还常用报春花科的金钱草治疗胆道结石，唇形科的金钱草治疗泌尿道结石；将蔷薇科的天青地白草用于止痛、止泻，荨麻科的天青地白草用于安胎、止血，菊科的天青地白草用于消炎及治疗妇女白带，等等。在数以千计的中草药里，同名异物、同物异名的混淆现象很严重。由于叶橘泉掌握了本草学和药用植物分类学的知识，故能辨别种类，识别异同，善用适当的中草药，因此提高了临床疗效。

1973 年，叶橘泉编著出版的《食物中药与便方》一书，受到广大读者欢迎，先后增订印刷 30 多万册。1978 年，商务印书馆香港分馆将此书翻印出版，向港、澳、台地区以及东南亚各国发行。香港《大公报》发表评论说："这是值得家备一册的好书。"1997 年，日本东京中国汉方出版社将此书译成日文，书名为《医食同源の处方笺》，在日本国内出版发行。

叶橘泉把向群众普及医药知识作为"原则"和"宗旨"，贯穿于诊疗处方和编著医药书籍的全过程。因此，叶橘泉被大家称为“平民医生”。

1988年，叶橘泉92岁时，他的最后一本著作《本草钩沉》出版了。该书原稿是他在20世纪60年代前期所写，后因多种原因，原稿散失，一番辛苦付之东流。晚年的叶橘泉可谓“老骥伏枥，壮心不已”。他不遗余力地整理校刊残存之稿，做了大量拾遗补阙的工作，使之终得问世。可以说，这是叶橘泉在迟暮之年奉献给中医药学事业的一份晚到的厚礼。

## 实事求是　不耻下问

1934 年，章太炎在苏州《国医杂志》上的题词“取法方东，不震远西，下问铃串，不贵儒医”，道出了叶橘泉的心声，被他尊为座右铭，一生身体力行。

挖掘、搜集、整理民间单方、验方的“下问铃串”之举，始于叶橘泉的青年时代，历经大半个世纪，老而弥笃。

叶橘泉在给患者治病时，除了应用理法方药，也经常应用单方草药。他认为只要辨证得当，同样可以获得良效，并可减少患者的经济负担。

1939 年 5 月，叶橘泉在苏州国医医院曾治疗一位王姓咯血患者，药后时愈时发。又请前辈名老中医诊治，仍无法根治，只好劝其转入博习医院（当时苏州最著名的西医院）。数月后又遇见该患者，称病已痊愈。据患者说，转入博习医院后经注射及内服西药，又采用冰块敷于胸项等部位，但咯血仍不止，后来在玄妙观（苏州市内的庙宇）附近见到一位摇铃卖药的铃医，服其配制的草药粉末，两天后竟告痊愈。叶橘泉闻此十分感慨。他在其后的经验录中写道："夫以顽固咯血，中西医治均无效，而被一目不识丁之摇铃者为之治愈，此适逢其会欤？抑单方一味，气死名医乎？此中殆饶者有研究之价值。余之所以叙述此案者，正以耻我人学历之不彀，而适见民间流传及江湖秘守之特效单方，足资吾人之留心探究也，愿同道勿沾沾以玄学空论自傲为能，自应虚怀若谷、不耻下问，对于治疗技术、草药单方等，多方加以留意为要。"

多年的临床实践使叶橘泉认识到，中医的

辨证论治确实能治好许多病，有时颇显神效，但往往难以作出清晰的解释。叶橘泉在《我对中西医结合的认识和体会》一文中写道：“辨证论治的特点在于中医整体观和使用复方治疗。但是对于某些疾病，例如传染病，就必须分析检查其病原，再进行治疗。在临床上遇到肺结核病例，如是活动期，则建议注射链霉素，待静止期后，立即辨证，劝服中药，促其钙化。另外，对于早期癌症患者，有手术指征的，劝其尽快手术，术后用中药调补，事实证明是行之有效的。”

叶橘泉曾对胆囊炎和胆石症的治疗进行过总结。他认为，在辨证时，“六腑以通为用”的原则很重要。叶橘泉常在处方中加上四川大金钱草（报春花科的过路黄）、蒲公英的根、熊胆、猪胆等，需要时也加用疏肝利胆、健脾和胃之法，常选用丹栀逍遥散、保和丸、六君子汤等处方。

叶橘泉认为，泥沙样结石或直径小于 1cm 的结石，服用中药后比较容易排出。从胆石的分布位置看，总胆管处的结石，以中药排石为佳。胆管的结石，特别是微细胆管的结石治疗过程比较复杂，患者的体质必须加以改善，并且应改变患者的饮食习惯，应减少动物性脂肪摄取量，增多含植物纤维的食品，以解除便秘，改变酸性体质等，这样就可以逐渐减少胆内结石的形成。实际治疗中，有的患者服中药后能顺利排出全部结石，有些患者只能排出其中一部分结石，还有的患者症状减轻或消失，但结石并没有排出。在这种情况下，要请西医师给予密切配合，确认结石的动向，以便更好地进行治疗。

叶橘泉的朋友中有不少是医院中药房或药店的职工和药农。遇到百思不得其解的实际问题，哪怕是针尖大的问题，他也要向这些实践经验丰富的朋友请教。甚至哪一种中药在哪里分布最多，在叶橘泉的小本子里都有详细的记录。

叶橘泉生前是全国政协常委、中国农工民主党中央委员会副主席，还是中国科学院学部委员，因此，他去首都北京开会出差的机会很多。每当遇到中国医学科学院的黄家驷、林巧稚、吴阶平等西医临床家或者与中国科学院的童第周、贝时璋、秦仁昌等生物学家见面时，叶橘泉都喜欢和他们切磋一番，遇到难题，不耻当面请教。

叶橘泉经常对学生及子女说："不懂就问，日积月累，知识就会越积越多。我在北京曾向贝时璋请教过从细胞里提取 DNA（脱氧核糖核酸）的方法，向吴阶平请教过几种肝炎的发病机理。"

1962 年，在江苏医院，为了研制抗癌处方 WTTC（藤瘤、诃子、野菱、薏苡仁），叶橘泉曾多次去南京中山植物园向裴鉴、周太炎等药用植物学家请教藤瘤的人工栽培方法。叶橘泉常说："我年轻时学点东西很不容易，当时参考书少，遇到问题也无处可问。现在学习条件真好，周围有这么多的专家，随时可以请教。学习就是不断地吸收新知识，要做有心人啊！"

1984年6月，叶橘泉与年轻中医们座谈时深有体会地说："实践是检验真理的唯一标准。科学的东西来不得半点含糊，只有通过实践，坚持一切从实际出发，以及实事求是的原则，通过学术上的百家争鸣，来弄清中医与中西医结合工作上的一些是非问题。"

## 逆境创业　随遇而安

1969年夏天，叶橘泉被下放到位于江苏省句容县下蜀镇的江苏省五七干校劳动。在盖房工地上，几个人时而吃力地搅拌着水泥，时而把和匀的水泥送上脚手架。“吱”的一声，又一只装水泥的牛皮纸袋被撕开了。干水泥倒入池子时溅进了正在干活的叶橘泉的左眼，他赶紧跑到水塘边冲洗……

弯弯的山道上，两位老者推着板车，板车上堆着红砖。他们吃力地爬着斜坡，手脚打颤，满头是汗。突然车身一侧，砖头直滚，倒扣过来的车把刚好砸在叶橘泉的胸部，他因胸壁挫伤被抬进了医务室……

但是，伤痛没有压垮这位古稀老人的精神。

他白天干体力活，晚上回到小屋里坐着砖头，伏在简易木板床上专心写作，白天的疲劳伤痛似乎都忘却了。28 万字的《食物中药与便方》一书，就是在这种艰苦的条件下写成而出版的。

1969 年腊月，请假回南京几天的叶橘泉，在一个飞雪漫天的傍晚，为赶回干校，蹒跚在积雪的山道上。干校领导碰上了他，兴奋地告诉他："你解放了呵。可以回南京了，不用来了。""嚯嚯，我解放了?"叶橘泉几乎不敢相信自己的耳朵，因为"解放"意味着在这里拌水泥、推板车的生活就此结束，意味着他又可以一如既往地给病人看病了。得到肯定的答复后，老人欣慰地笑出声来。

时隔不久，叶橘泉领到单位补发的一万多元工资。他将这些钱分存于两个户头，一笔用于购书，一笔用作医药方面的调查专款。他常常带着儿子跑到南京市杨公井的古旧书店去寻觅古籍。父子俩在结着蜘蛛网的书库里，一翻就是大半天。每次购书几十本，他都如获至宝，喊上三轮车拉回家。一次，他在那里发现了一本自己1935年出版的《近世内科国药处方集》，扉页上竟还留有自己当年的亲笔题词。老人在感叹人为灾难的同时，也庆幸苍天对他的偏爱，让他可以找到更多自己喜爱的书籍。

1970年夏天，74岁的叶橘泉再一次来到句容县桥头镇。领导交给他的任务是在干校中心医务室给患者看病，并为干校新成立的制药厂出谋划策。

一间简易的平房里，摆着一张方桌、一口大铁锅、一个煤球炉，火舌在炉里发出蓝幽幽的光，锅里水快熬干了，空气中弥漫着水蒸气，散发着药香。这不是术士的炼丹房，而是江苏省干校的制药厂。这里炼不出长生不老的仙丹，却能炼出祛病救人的中成药。

制药厂有着一个团结和洽的小环境。药厂为叶橘泉实践其科研－生产－临床三位一体的学术思想提供了一块简陋的活动天地。从方便患者、广开药源的“便、验、廉”原则出发，叶橘泉经过精到的药理、药性研究，提出罗布麻有良好的降血压作用，刺五加可作为东北人参的代用品，蚌壳内膜与珍珠的药效相近等观点。当年，众多药剂的首次试生产就是在这个土药厂里进行的，并在临床实践中积累了很多疗效数据。珠光层粉丸，便是以精加工的贝壳内膜入药的。经鉴定，它的化学成分和药效确与珍珠相同，此法后来被广泛采用。这种以廉代贵的配伍法，特别是其中深藏的指导思想，在药价日渐高涨的几十年后，愈来愈显示出其发明者一切为患者着想的可贵价值。由南京同仁堂制药厂生产的抗衰老遐龄滋补浆及吴江制药厂按叶橘泉处方制作的扶正抗癌冲剂等，也是在这个土药厂里开始酝酿并试制成功的。

叶橘泉随遇而安，安于苦心钻研，着意创新，实现了孕育多年而在此时才走向试生产的蓝图——将中草药提炼加工为中成药，使中药产生了一种与千百年来传统的存在形式——生药、砂锅、文火——迥异的新形式。

3年间，气管炎冲剂、消炎宁、感冒冲剂、肝炎冲剂、冻疮防治冲剂、罗布麻茶、复方刺五加片、珠光层粉丸、溃疡丸、马宝胶囊等相继在这里生产出来，给广大患者带来了福音。特别是气管炎冲剂与消炎宁，临床应用疗效较好，江苏省以外的医院和患者也纷纷来药厂订购。那一段时间，药厂生产的多种中药制品供不应求。叶橘泉是这个制药厂的技术顾问，也是这些中成药的设计师、处方者。现在的江苏省镇江市第三制药厂，就是在这个土药厂的基础上发展起来的。

桥头镇四周的青山绿水间、田边地角旁，经常出现几张当地人熟悉的面孔，那是叶橘泉带领着几个年轻人在采集中草药，为制药厂里的大铁锅找下锅的“米”。他时而俯身采摘，时而蹲下挖掘，时而摘一片新叶，又看又闻，之后放进嘴里咀嚼品尝，再给身边的年轻人讲解一番。有时为一两味药，叶橘泉带着年轻人翻山越岭去寻觅。当年轻人拿着采来的药草向他请教时，他总是仔细地讲解：松塔要采嫩的，风干开口的药效差；垂盆草要在秋天而不要在春天采……叶橘泉讲得头头是道，如数家珍，沉浸在他那中草药的王国里。在这里，他发现并验证了台湾山豆根的抗癌作用。

在受到不公正对待的年月，已过古稀之年的叶橘泉依然神闲气定、心无旁骛地用他的医术造福病人。他总是说："不管干什么，都要为群众的健康做点事情。"他是这么说的，也是这么做的。

许多到干校劳动的老干部、老学者经常到中心医务室找叶橘泉看病。叶橘泉总是心气平和地为他们诊治。望闻问切，他是那么认真，那么细致。这是他行医半个世纪始终如一的原则之一：认病不认人。

当地的农民和附近驻军的官兵也都来找叶橘泉看病。一位中年干部情绪不佳，饮食饮水不畅，嗳气频频，咽喉受阻。得这种病后，他情绪愈加紧张，夜不能寐。叶橘泉经过四诊后，开出半夏厚朴汤合旋覆花代赭石汤，三帖而愈。一位当地的生产队长患癫痫病，叶橘泉选用柴胡桂枝汤控制了病症。还有一位年仅18岁的青年，因工作不顺，患了精神分裂症，叶橘泉给他服用景天三七的鲜汁合马宝胶囊，使他恢复健康又重返工作岗位。

干校三大队的教室里，“西医离职学习中医班”的学员们正在听课。叶橘泉用带着浓重湖州口音的普通话在讲授，一位年轻的助手在一旁帮他写板书。叶橘泉带学员见习，手把手地教，一丝不苟、苦口婆心地指拨点化。

夜晚，在干校的一间斗室里，常常能见到年逾古稀的叶橘泉伏案挥笔的身影。另一边，年轻助手有时在埋头为叶橘泉的书稿刻蜡纸，有时在油印刻好的文稿。叶橘泉的临床医案正是在这样昏暗的灯光下，一行一行地延伸，一页一页地变厚……

下蜀的弯弯山道，留下了老人忍辱负重的足迹；桥头的父老乡亲，见证了老人在逆境中创业的艰辛。

## 中日交流　广传佳话

叶橘泉在初出茅庐时，就怀着与日本汉方医界同行相互学习的心愿。他独立开业之初，正值“五四”运动风起云涌之时。他在学习中医典籍过程中，也曾接触到一些日本汉方医药书籍的中译本。“他山之石，可以攻玉。”为了能够阅读原版日本汉方书籍，他自学了日语和英语，并熟记了大量药用植物的拉丁文学名。

1935 年，叶橘泉的《近世内科国药处方集》第一集出版后，日本汉方医师大塚敬节通过北平的《明日医药》杂志社转来他的《康平伤寒论》，要求与叶橘泉交换著作。之后又有东亚医学协会理事长矢数道明、东邦大学的清水藤太郎以及木村长久、龙野一雄、间中喜雄、和田正系、木村雄四郎等汉方医师及药物学家也来信并寄书，要求交换著作。

叶橘泉在临床诊疗中，有时采用日本医家的经验处方。例如治疗恶性肿瘤的WTTC，治疗心脏疾患的变制心气饮，治疗肾性高血压的七物降下汤，治疗乳腺疾患的十六味流气饮，治疗食管疾患的利膈汤，以及治疗外科疾患的紫云膏等。叶橘泉在著书立说时也经常引用日本汉方医家有效的经验，在他的著作里可以频频见到这方面的记载。

叶橘泉还翻译过日本医药学专著，例如《腹诊考》(1939年)、《方证论》(1939年)、《校注日本康平伤寒论》(1949年)、《中医基石》(1951年)、《解剖生理与病理》(1951年)、《动植物民间药》(1952年)、《中医诊疗》(1955年)等。

中国的中医药学于公元8世纪初叶传入日本，并在此基础上发展成日本汉方医药学体系。

1970年以后，叶橘泉看到日本的传统医学发展迅速，成绩斐然，他言语之中不禁透露出焦急的心情。他在《我对中西医结合的认识和体会》一文中说："目前日本西医师有15万人，其中一半以上的人在研究和使用汉方医学。近年来，日本政府批准在北里研究所内设立东洋医学综合研究所，延聘第一流人才，集中力量和最新设备，大规模进行了'中西医药'结合的研究，其他不少医科大学也附设了汉方医药研究机构（注：富山医科药科大学附属和汉诊疗部以及和汉药研究所，东京女子医科大学附属东洋医学研究所，近畿大学附属东洋医学研究所等）。厚生省（日本中央卫生部）批准了汉方复合制剂（即我国的中医古方和少数的时方）近百种，准许全国（指日本）人民及医界使用……"叶橘泉的远见卓识不仅仅表述在语言，更身体力行在实践。这是叶橘泉对外国的好东西主张"拿来主义"，同时又固守中国中医传统的明证。

叶橘泉非常关注日本汉方医学研究的最新动态，例如中药的形态药理学研究以及诸如人参治疗糖尿病、温脾汤及大黄治疗慢性肾功能不全、鹿茸防治老年性痴呆症、杜仲叶防治肝硬化等实例，提醒大家要留意日本汉方医药界的动态，主动与日方交流，引用他们成功的经验，吸取他们失败的教训。

1983年，叶橘泉撰写了《中日友好医学交往史话》、《中国医学在日本的变迁》等文章，用中日交往的史实说明国际性学术交流会促进中医药的发展。

1986年11月，古城南京，中国药科大学会客室内，两位神交50多年而从未谋面的异国同道，两双手紧紧握在一起。灯光闪过，照相机把这一瞬间定格为永恒。这张具有历史意义的照片，不久就被登载在海内外的报刊上。照片上的两位白发老人，便是叶橘泉和他的日本同道矢数道明（东京北里研究所附属东洋医学综合研究所所长、世界卫生组织日本传统医学研究协作中心主任)。矢数道明给大家展示了一册非常宝贵的珍藏品，那就是精装成册的、他与叶橘泉半个世纪以来学术交流的往来信件。他们的相识、相知、相见，被一衣带水的中日两国医药界传为佳话。

1989 年 7 月 7 日，93 岁的叶橘泉与世长辞。海内外中医药界的同道纷纷发表文章纪念他。台湾的《中医杂志》上刊登了“叶橘泉教授纪念专号”。日本东京的《汉方之临床》杂志上刊出了叶橘泉的照片、他与矢数道明见面时的合影及墨宝，还连续三期刊登纪念叶橘泉的文章。矢数道明在文章里追忆了他及日本其他多位汉方医学家与叶橘泉半个世纪以来的学术交流和诚笃的私交。矢数道明说：“叶先生坚持中日汉方医学交流达 50 年之久，他是具有非凡功绩的。”并称叶橘泉是他在中国交往最早、交情最深、相互信赖的第一位老师。

在该杂志连续刊登纪念叶橘泉文章的同时，东京的《和汉药》、大阪的《汉方研究》、名古屋的《我们的汉方药》等杂志，也发表了悼念叶橘泉的文章。

在叶橘泉逝世一周年之际，84岁的矢数道明又给叶橘泉夫人寄来他的装帧精美、近800页的新作《临床六十年·汉方治疗百话》(第七集)，扉页上用毛笔工整题词："敬赠叶橘泉先生御灵前"(注：御灵前是指遗像前)。

叶橘泉与日本汉方医学界的交往，不但谱写了中日同行友谊的佳话，也足见他打破门户之见的宽广胸怀。

## 存心济世　面壁终生

叶橘泉自学医的第一天起，就萌生一种“存仁义于人间，济患者于水火”的济世理想。1949 年以前，叶橘泉致力于医药卫生知识的普及和推广。他把培训医务人员当作存心济世的重要途径，力图让普通老百姓，尤其是处于水深火热之中的贫苦农民摆脱病魔的纠缠。

目睹乡村旧式私塾的落后，出于使更多像自己一样的农家子弟摆脱愚昧、接受教育的愿望，1921 年，25 岁的叶橘泉兼任了吴兴县双林镇鹉泊乡蓉湖区第十四国民小学校长，在行医、治学的百忙之中，还抽出时间给学生们讲课。1930 年，叶橘泉的私人诊所搬迁到双林镇，取字号为“存济医庐”。不久，叶橘泉被聘为双林镇救济院院医，每周两次去该院为贫苦患者诊治。1931年，叶橘泉被聘为吴兴县政府国医检定委员。

1935年，叶橘泉39岁时，应苏州国医专科学校之聘，任该校中医学讲师，私人诊所亦迁至苏州市铁瓶巷22号。叶橘泉离别家乡赴苏州任职，众多亲朋好友依依不舍。浙江耆宿蔡原清作诗一首表达惜别之情："金阊延鸿，鹢泊来凤，梓里失鹄，虎丘获麟。"赴苏州后，叶橘泉有机会得到该校名誉校长章太炎的指导，两人时常朝夕畅谈。章太炎为叶橘泉写下"道不远人，以病者之身为宗师；名不苟得，以疗者之口为依据"的条幅相赠。

那时，叶橘泉在苏州的诊所十分繁忙。患者多数是普通市民和苏州近郊的贫苦农民，有的患者所带的钱不够抓药，有的甚至身无分文。叶橘泉不忍听病者的恳求声，总是说："行，行，去排队吧，给你治。"从初出茅庐的青年，到誉满天下的晚年，叶橘泉都以救死扶伤的切实行动，实践自己“存心济世”的初衷。1936年，叶橘泉被聘为中央国医馆名誉理事，兼编审委员。

1949 年以后，叶橘泉在事业上有了更好的发展，他先后担任一些重要的职务，但他一心一意为病人服务的宗旨却没有丝毫的改变。

20 世纪 50 年代初期，为缓解农村缺医少药的状况，叶橘泉在苏州着力培养乡村医生，普及对农村常见病、多发病的防治常识。他撰写出版了《传染病提要》、《伤寒与副伤寒》、《疟疾与痢疾》、《麻疹》、《肺炎》、《钩虫病》、《医学问答汇编》等深入浅出的普及读物。同时他还创办了农村医学函授社，招收了 500 多名学员，并定期亲临授课。

1954 年，58 岁的叶橘泉应江苏省人民政府的聘任，恋恋不舍地结束了他在苏州中医诊所“存济医庐”的工作，来到南京担任江苏省中医院第一任院长和江苏省中医进修学校（现南京中医药大学）副校长。1955 年，叶橘泉被选为中国科学院学部委员。

1956 年，叶橘泉出任江苏省卫生厅副厅长，1957 年起兼任南京中医学院（现南京中医药大学）副院长、江苏省中医研究所所长、中国医学科学院江苏分院副院长。以后的十年间，叶橘泉定期在南京市内的江苏医院中医科给患者治病。

1956 年，叶橘泉在北京参加全国科学规划会议期间，国务院总理周恩来接见了到会的全体中国科学院学部委员。当周恩来总理走到叶橘泉面前时，范长江介绍说："他是江苏省卫生厅副厅长、中国科学院生物学地学部委员……"周总理接过话说："我知道，你叫叶橘泉，是很有名的中医吧！"几天后，周恩来总理又特地召见了叶橘泉，向他询问了中医药研究、中西医结合、江苏省血吸虫病防治方面的情况。当叶橘泉向周恩来总理汇报到中医中药治疗常见病、疑难病的疗效以及中西医结合所取得的初步成果时，周恩来总理高兴地说："中医中药很有希望，你们要好好研究。"周恩来总理对中医药事业的关心，使叶橘泉备受鼓舞，更加发奋地工作。

叶橘泉在行医执教70余年的生涯中，几乎每天都能收到从天南海北寄来的信。他总是每信必复，或开处方，或指点治疗要旨，或提出注意事项，等等。

当时，叶橘泉是卫生技术级一级，每月工资319元，加上学部委员的车马费100元，一共是419元。不知始于何年何月，叶橘泉每次领到工资，都要让家人去买30元钱的邮票，用来给这些"8分钱求医者"复信（那时国内平信邮票每张8分钱）。这笔固定开支变成了一张张贴在信封上的邮票，也加重了他的工作量，可是他几十年如一日，乐此不疲。后来年事渐高，他就指导儿子、女儿、女婿代为复信，为求医者答疑解难。

1973年秋天，77岁的叶橘泉被任命为南京药学院（中国药科大学的前身）副院长。安排好学校的日常工作，他依旧如往日一样给患者看病，或参加各种会诊和疑难病例的讨论。在他的身上，似乎有一股永远使不完的劲。

“人不能与草木同腐”，“要用小跑步走完人生”，这是叶橘泉终生“身体力行之”的信条。在给后人留下的44册专著、译著及500多篇文章的后面，是他跃动着的无私奉献的赤诚之心和他甘于“面壁终生图破壁”的高尚情操。

1988年，叶橘泉在回答中央电视台记者提问时说道：“中医辨证论治非常复杂，要研究一世，我现在已经研究到老了。如果再让我多活几年，我还要搞点东西出来，很多东西要写出来……”

在这位92岁老人的心中涌动着的，依然是他对祖国中医药事业矢志不渝的至爱情怀。

## 不拘成见　礼贤下士

1954年，叶橘泉在担任江苏省中医院第一任院长时，力排门户之见，为筹建江苏省中医院招贤纳士。江苏是全国中医人才荟萃之地，门派众多。叶橘泉选聘人员，不分门派，唯德才是用。凡各地知名医家、饱学同道，他必礼贤下士，虽三顾而不辞。正是这种至诚，使许多名家向往省中医院，为该院的建立和日后的发展奠定了坚实的基础。

该院的内科专家徐景藩、儿科专家江育仁、耳鼻喉科专家干祖望等，都是当时应叶橘泉之请从江苏各地汇聚到金陵古城来的。谈到这段创业史，他们无不对叶橘泉充满敬意。年逾九旬的干祖望说："我18岁入门，主攻咽喉外科。

1933年始，挂牌行医于上海市淞江县农村。1955年，江苏省医务工作者会议在南京的江苏饭店召开，叶老给我寄去了请柬，另附书信一封，把我作为特邀代表请来南京参加会议。我原以为像他这样艺高位显的尊者骄矜得很，哪知他十分平易近人。会议期间，他和我谈了好几次话，使我顿生一见如故、相见恨晚之感。我非常崇拜他、敬佩他。叶老可以说是我的恩师、同志、朋友，对我后来的发展起了决定性的作用。人的才能的发挥要有一定的环境。没有战场，大将也无用武之地；不遇伯乐，即使是千里马，也只能伏枥常嘶。一滴水可知天下事——由微知显。叶老爱才，惜才，培养人才、提拔人才，却从不居功。我曾对叶老说：'叶老，我是多亏了你啊。'叶老说：'啥话！是你自己干出来的。'"

叶橘泉无门户之见，也表现在他对港、台地区中医研究新成果的极大关注和浓厚兴趣。

他经常阅读港、台地区及各国中西医研究的新资料，并作摘记，汇集成册。赴京参加政协会议期间，他也要抓住机会向熟悉情况的委员了解中药在国际市场上的需求动态。

## 淡泊名利　益寿延年

1963 年，叶橘泉编写出版专著《本草推陈》一书。出版社把稿酬寄上门来，他硬是分文不取，将汇款单交给省卫生厅福利科。福利科婉辞，叶橘泉坚持不允，相持再三，福利科只好让步，用稿酬的零头买了一张席梦思床送到叶橘泉家里。

从那以后，叶橘泉的大部分稿酬都捐献给了医药研究机构。就在他逝世前一年，他仍把新出版的《本草钩沉》一书的大部分稿酬赠给了中国药科大学。

1987 年，91 岁高龄的叶橘泉将早年在苏州开业时购作诊所和住宅的私房献给了国家。

老人在挥毫写给苏州市人民政府的捐献书

中表述了自己的心声："我是浙江省吴兴县人，为了执教行医旅苏20余年。当时自以为医生应当存心济世，因此把自己的诊所定名为'存济医庐'，在苏州西美巷9号自置的一所房子大门外墙上有'存济医庐'四字。我对苏州人民有着深厚感情，现在我年老矣，不打算回苏州居住，决定把此房屋前后共十三间，全部捐献给苏州市人民政府。"

对叶橘泉来说，"存心济世"不是世俗的标签，不是虚浮的教条，而是他70余年行医生涯中"吾道一以贯之"的实践与付出。

叶橘泉晚年生活很有规律：清晨散步，傍晚打太极拳，晚上躺在床上作腹式呼吸；不吸烟，不喝酒，饮食八分饱。他在耄耋之年身体依然还很健康。

叶橘泉始终保持着一颗"童心"和"好奇心"，活到老，学到老。每当他买到一本好书时，总是爱不释手地阅读，边读边用红笔画上杠杠。他常年订阅十几种医学杂志，每收到一期，定要浏览一遍，无论是中医还是西医，看到有参考价值的内容，他立即将其摘录在笔记本上。直到辞世前，叶橘泉都保留着一种习惯：即使在睡眠中，若灵感突至，偶有所得，他也会翻身而起，挥笔疾书。

叶橘泉惜时如金，就是上厕所也是匆匆进出。他的女儿说："爸爸最好服侍了，只要一日三餐送进书房，他可以一辈子不出来。"听到这话，叶橘泉总是一本正经地说："生命有限而知识无涯，我已经浪费不起了。"是啊，十年逆境结束后，使叶橘泉老泪纵横的，不是多位艺术大师赠送的名贵字画不翼而飞，也不是他那些年所受的委屈，而是他积半个世纪收集整理的书稿资料被毁掉了。

考虑到叶橘泉年事已高，夫人和子女为了让他减少伏案笔耕的时间，想方设法把他拖出书斋。偶尔与小外孙或儿子下盘象棋，是他休息养神的一种主要活动。但叶橘泉下棋不服输，输了往往懊恼不已，连连自责："怪我粗心了一步。一着不慎，满盘皆输哇!"他竟把行医治学的作风带到娱乐活动中来了！时间一长，只有小外孙一着不让地将老外公的军，儿子则不显山不露水偷偷地输给老父亲。赢了，他竟如孩子般地欢笑起来。知道个中奥妙的旁观者，更是笑得前仰后合。真是"人知随太守游而乐，而不知太守之乐其乐也"。

节假日里，把叶橘泉拖出书斋，全家去公园玩一趟是件大不容易的事；即使到了公园，他也无心欣赏景色，目光总是投向路边、草间的中草药上，一路拍照，一路讲解，兴趣盎然。

1989 年 6 月 27 日，即叶橘泉辞世的前 10 天，也许是收到了天国使者的请柬吧，他自知来日无多、生命将逝，表现出一反常态，自己打电话要了一辆小车，让全家陪他去钟山风景区游览。

天公有情。南京六月虽然已进入梅雨季节，但这天的天气却分外晴朗，郊外的空气尤为清新宜人。小车在时高时低、曲曲弯弯的林荫小道上缓缓行驶。老人把头探向车窗，如丝白发随风飘动。

是什么染白了他的少年头，将他“染”成了这般神采飘逸？

银丝根根，皆由爱染成——对人民、对祖国、对中医药事业的爱；根根银丝，皆在发出爱的光——对患者、对学生、对子孙后代的爱。

“车再开慢些。”叶橘泉吩咐道，话语间流露出几丝兴奋，几丝依恋。

钟山有与他的中医药事业关系密切的中山植物园；钟山的山石缝里、松竹林中，有他钟情一生、可作药用、济世救人的奇花异草；在钟山他曾多次参加一年一度的凭吊孙中山先生的谒陵仪式；他晚年也曾多次在这山林中避暑疗养。这位 93 岁的老人是多么留恋他所熟悉的山山水水啊！

松涛飒飒，山风习习，翠竹丛丛，空谷幽幽。“只在此山中，云深不知处”，他融入了这片他所钟情的青山绿水之中……

（撰稿人　叶加南　马永华）

# 《中华中医昆仑》丛书150位医家名录

（按生年排序）

| | | | | |
|---|---|---|---|---|
| 张锡纯 | 丁甘仁 | 萧龙友 | 王朴诚 | 恽铁樵 |
| 曹炳章 | 冉雪峰 | 谢　观 | 施今墨 | 汪逢春 |
| 孔伯华 | 黄竹斋 | 吴佩衡 | 蒲辅周 | 陈邦贤 |
| 李翰卿 | 李斯炽 | 姚国美 | 陆渊雷 | 张泽生 |
| 时逸人 | 张梦侬 | 叶橘泉 | 王聘贤 | 陈慎吾 |
| 邹云翔 | 赵炳南 | 承淡安 | 余无言 | 刘惠民 |
| 岳美中 | 沈仲圭 | 秦伯未 | 赵锡武 | 韦文贵 |
| 程门雪 | 黄文东 | 赵心波 | 董廷瑶 | 吴考槃 |
| 章次公 | 石筱山 | 陆南山 | 张赞臣 | 李聪甫 |
| 刘绍武 | 陈存仁 | 朱仁康 | 陆瘦燕 | 姜春华 |
| 韩百灵 | 高仲山 | 李克绍 | 王鹏飞 | 刘春圃 |
| 金寿山 | 哈荔田 | 何世英 | 周凤梧 | 干祖望 |
| 关幼波 | 王为兰 | 任应秋 | 罗元恺 | 祝谌予 |
| 杨医亚 | 郭士魁 | 何时希 | 耿鉴庭 | 俞慎初 |

| | | | | |
|---|---|---|---|---|
| 裘沛然 | 顾伯华 | 江育仁 | 邓铁涛 | 门纯德 |
| 刘渡舟 | 尚天裕 | 朱良春 | 李玉奇 | 程士德 |
| 尚志钧 | 赵绍琴 | 董建华 | 米伯让 | 李辅仁 |
| 张珍玉 | 班秀文 | 颜正华 | 于己百 | 颜德馨 |
| 路志正 | 方药中 | 王乐匋 | 黄星垣 | 谢海洲 |
| 余桂清 | 何　任 | 王子瑜 | 程莘农 | 陈彤云 |
| 焦树德 | 张作舟 | 张　琪 | 李寿山 | 张镜人 |
| 王绵之 | 方和谦 | 印会河 | 王玉川 | 蔡小荪 |
| 李振华 | 马继兴 | 王嘉麟 | 宋祚民 | 刘弼臣 |
| 王雪苔 | 刘志明 | 吴咸中 | 李今庸 | 任继学 |
| 裴学义 | 王宝恩 | 周霭祥 | 贺普仁 | 唐由之 |
| 赵冠英 | 许润三 | 金世元 | 陆广莘 | 刘柏龄 |
| 徐景藩 | 吉良晨 | 吴定寰 | 沈自尹 | 王孝涛 |
| 张灿玾 | 周仲瑛 | 强巴赤列 | 张代钊 | 李经纬 |
| 郭维淮 | 柴松岩 | 苏荣扎布 | 陈可冀 | 李济仁 |
| 夏桂成 | 郭子光 | 巴黑·玉素甫 | 张学文 | 陈介甫 |